Hitos de la historia de Estados Unidos

Lexington y Concord

Sabrina Crewe y
Michael V. Uschan

WORLD ALMANAC® LIBRARY

Please visit our web site at: www.garethstevens.com
For a free color catalog describing World Almanac® Library's list of high-quality books and multimedia programs, call 1-800-848-2928 (USA) or 1-800-387-3178 (Canada). World Almanac® Library's fax: (414) 332-3567.

Library of Congress Cataloging-in-Publication Data

Crewe, Sabrina.
[Lexington and Concord. Spanish]
Lexington y Concord / Sabrina Crewe y Michael V. Uschan.
p. cm. — (Hitos de la historia de Estados Unidos)
Includes bibliographical references and index.
ISBN-10: 0-8368-7467-6 — ISBN-13: 978-0-8368-7467-9 (lib. bdg.)
ISBN-10: 0-8368-7474-9 — ISBN-13: 978-0-8368-7474-7 (softcover)
1. Lexington, Battle of, Lexington, Mass., 1775—Juvenile literature. 2. Concord, Battle of, Concord, Mass., 1775—Juvenile literature. I. Uschan, Michael V., 1948- II. Title.
E241.L6C7318 2006
973.3'311—dc22 2006018010

This North American edition first published in 2007 by
World Almanac® Library
A Member of the WRC Media Family of Companies
330 West Olive Street, Suite 100
Milwaukee, WI 53212 USA

Produced by Discovery Books
Editor: Sabrina Crewe
Designer and page production: Sabine Beaupré
Photo researcher: Sabrina Crewe
Maps and diagrams: Stefan Chabluk
World Almanac® Library editorial direction: Mark J. Sachner
World Almanac® Library art direction: Tammy West
World Almanac® Library production: Jessica Morris and Robert Kraus

Spanish Edition produced by A+ Media, Inc.
Editorial Director: Julio Abreu
Editor: Adriana Rosado-Bonewitz
Translators: Bernardo Rivera, Luis Albores

Photo credits: CORBIS: cover, pp. 5, 9, 10 (bottom), 11, 12, 13, 15, 16, 18, 19, 20, 21, 22, 23, 24, 25, 26; The Granger Collection: p. 6; Library of Congress: pp. 8, 10, 14; National Park Service, Colonial National Historical Park: p. 4.

Printed in the United States of America

1 2 3 4 5 6 7 8 9 10 09 08 07 06

Contenido

Introducción 4
Capítulo 1: Las colonias británicas 6
Capítulo 2: Los colonos se rebelan 10
Capítulo 3: En Lexington y Concord 16
Capítulo 4: A la guerra. 24
Conclusión 26
Línea de tiempo 28
Cosas para pensar y hacer 29
Glosario 30
Información adicional 31
Índice 32

Introducción

Jamestown en Virginia, mostrado aquí, se fundó en 1607. Virginia fue la primera de las colonias británicas en Norteamérica.

Himno a Concord

“Sobre el tosco puente
arqueado en el torrente,
Desplegó la brisa de abril
su pendón insurgente.
Aquí resistió tenaz el
gran pueblo granjero
Y resonó aquel disparo
que escuchó el mundo
entero.”

Ralph Waldo Emerson, de su famoso poema "Himno a Concord" acerca de la batalla de Lexington y Concord, 1837

La vida en las colonias

Antes de que hubiera una nación llamada Estados Unidos de América, existían las 13 **colonias** británicas de Norteamérica. Las personas que vivieron en esas colonias estaban dominadas por un rey que vivía a miles de kilómetros de distancia. Eran gobernadas por un gobierno que ellas no habían elegido, y tenían poca voz y voto en la preparación de las leyes con las que vivían.

En las décadas de 1760 y 1770, los colonos se pusieron en contra de Gran Bretaña porque creían que gobernaba injustamente. El resentimiento de los colonos creció cuando el rey George III y el **Parlamento** no quisieron escuchar sus quejas.

La guerra empieza

Las personas se enojaron cada vez más en ambos lados, y la situación se encaminó hacia la guerra. Los primeros disparos de la Revolución Norteamericana se oyeron el 19 de abril de 1775 en Lexington y Concord, dos pueblos en Massachusetts. Los disparos llegaron en breves choques sangrientos entre soldados británicos y los **Minutemen** estadounidenses, soldados voluntarios que se rebelaron contra Gran Bretaña.

Creación de una nueva nación

Para la sorpresa de todo el mundo, los colonos declararon su independencia de Gran Bretaña. Después de ganar la guerra, los ex colonos fueron ciudadanos libres de su propio país: Estados Unidos de Norteamérica.

Cuando las colonias se convirtieron en estados y los líderes crearon un nuevo gobierno en vez de tener un **monarca**, se aseguraron de que el líder fuera elegido por los ciudadanos, y de que el gobierno representara los deseos de los habitantes.

Estos hombres representan el incidente en Lexington Green, donde se hicieron los primeros disparos de la Revolución Norteamericana.

Capítulo 1

Las colonias británicas

Gobernantes e imperios

En los años 1600, los monarcas británicos gobernaban en Inglaterra, Gales, y Escocia, la vecina Irlanda, y todos los demás lugares del mundo que sus ejércitos habían conquistado. Éstos formaban el **imperio** británico, que también incluía la parte este de Norteamérica. Francia y España también tenían imperios, y eran dueños de partes de Norteamérica.

Los primeros estadounidenses

Cuando los colonos llegaron a Norteamérica durante los años 1600, conocieron a los habitantes originales. Millones de **amerindios**—a quienes los colonos blancos llamaron "indios"—habían vivido aquí durante miles de años. Algunos amerindios fueron amables al principio y enseñaron a los colonos a cazar y a sembrar maíz. Sin embargo, en cada colonia, los amerindios y los colonos pronto empezaron a luchar unos contra otros. Los colonos quitaron tierras a los indios, forzaron a algunos de ellos a hacerse esclavos, y usaron armas para dominarlos y matarlos. La batalla para tomar tierra de los nativos, y eliminar a la población de indios continuaría durante más de dos siglos.

Squanto enseña agricultura a los colonos. Cuando fue su pueblo lo llamaron Patuxet y su gente había vivido ahí antes de que los ingleses llegaran en 1620.

Fundación de las primeras colonias

En 1606, el rey James I de Inglaterra permitió que se fundaran colonias en el este de Norteamérica. Esta decisión condujo al inicio de las colonias británicas—la primera fue Virginia, donde se fundó Jamestown en 1607, y la número 13 fue Georgia, fundada en 1733.

Durante los años 1700, aun personas que vivían en las partes más distantes del imperio británico eran gobernadas por el rey, de modo que los colonos en partes británicas de Norteamérica no se consideraban estadounidenses, sino ciudadanos británicos.

Algunos de los primeros colonos en las colonias británicas vinieron de Alemania, los Países Bajos, y Suecia. También había africanos traídos como esclavos por los colonos blancos, y amerindios que habían vivido ahí todo el tiempo.

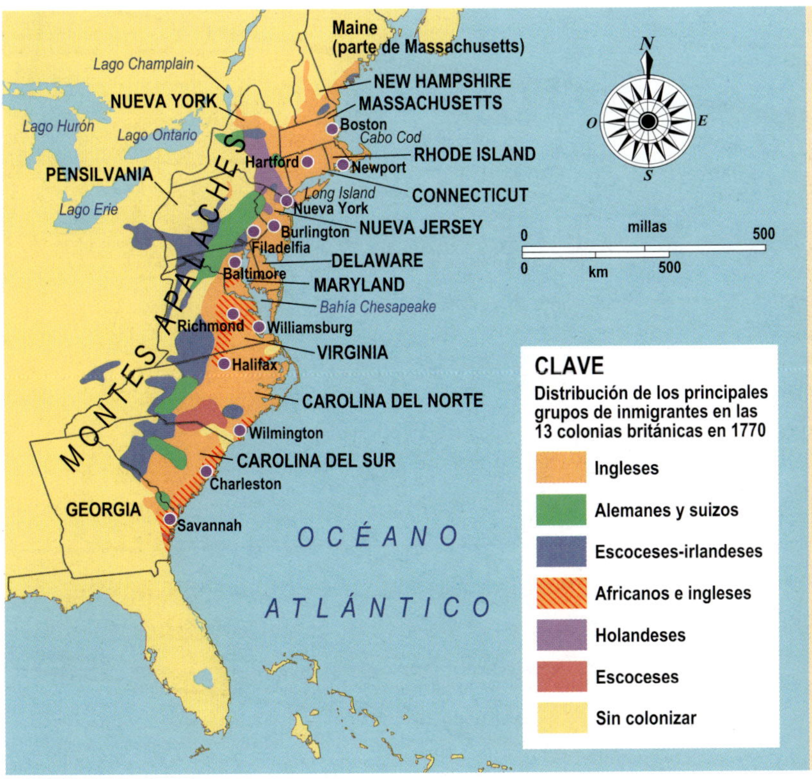

Después de 1607, una cadena de colonias británicas creció a lo largo de la costa Atlántica de Norteamérica. Este mapa muestra esas colonias y el modo en que diferentes áreas atrajeron a personas de diferentes países.

Por qué vinieron los colonos

Los colonos vinieron a Norteamérica por razones diversas. Algunos, como los puritanos que fundaron Plymouth, querían crear comunidades basadas en sus propias creencias religiosas. Otros vinieron a ganar dinero de los recursos naturales y compraron sirvientes y esclavos para que trabajaran para ellos.

Pero, la mayoría de los colonos era pobre y no tenía oportunidad de poseer tierras o vivir una vida decente en Europa. Vinieron porque en casi todas las colonias se daban tierras a personas que estaban dispuestas a asentarse ahí a luchar y trabajar duro.

Este libro de lectura y ortografía perteneció a Lucy Wadsworth, quien creció en Nueva Inglaterra durante la Revolución Norteamericana.

Tres regiones separadas

Según más habitantes vinieron y se fundaron más poblados, las colonias crearon sus propias formas de vida. Surgieron tres regiones: Nueva Inglaterra, la región del Atlántico Medio, y las Colonias del Sur.

En las colonias del Sur, había muchas plantaciones grandes donde se cultivaban algodón y tabaco, y se usaba la mano de obra de esclavos africanos.

Nueva Inglaterra

Muchas de las personas eran inglesas en Nueva Inglaterra—formada por New Hampshire, Massachusetts, Rhode Island y Connecticut. Casi todos eran granjeros o pescadores, pero algunos eran comerciantes y fabricantes. Otros se ganaban la vida transportando cosas hacia y desde otros países.

La región del Atlántico Medio

Esta región con—Nueva York, Pensilvania, Nueva Jersey, y Delaware—tenía más ciudades que otras regiones, y atrajo a más personas de países europeos, en especial Alemania. Aunque la agricultura era la ocupación principal, estas colonias también tenían industrias de la madera, pieles y granos.

El Sur

En las Colonias del Sur—Virginia, Maryland, Carolina del Norte, Carolina del Sur, y Georgia—había pocos pueblos grandes y casi no había otra industria aparte de la agricultura. La mano de obra barata en las plantaciones de tabaco y algodón llevó a los sureños blancos a comprar muchos africanos como esclavos. Para 1750, había unos 400,000 esclavos en el Sur.

Capítulo 2

Los colonos se rebelan

La *American Magazine* circulaba en todas las colonias y se leía más por personas ricas. Este número (derecha) se publicó en 1758, durante la Guerra Francesa e India.

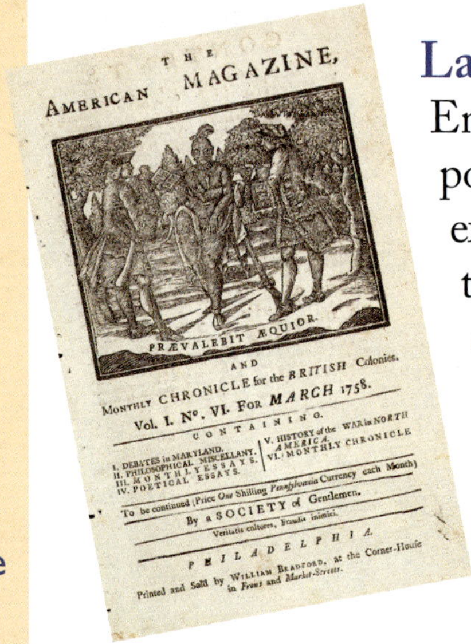
THE AMERICAN MAGAZINE,

PRÆVALEBIT ÆQUIOR.

AND

MONTHLY CHRONICLE for the BRITISH Colonies.

Vol. I. No. VI. For MARCH 1758.

CONTAINING

I. DEBATES in MARYLAND.
II. PHILOSOPHICAL MISCELLANY.
III. MONTHLY ESSAYS.
IV. POETICAL ESSAYS.
V. HISTORY of the WAR in NORTH AMERICA.
VI. MONTHLY CHRONICLE

To be continued (Price One Shilling Pennsylvania Currency each Month)

By a SOCIETY of Gentlemen.

Veritatis cultores, Fraudis inimici.

PHILADELPHIA:

Printed and Sold by WILLIAM BRADFORD, at the Corner-House in Front and Market-Streets.

La Guerra Francesa e India

En 1763, las 13 colonias tenían una población de 2.5 millones de personas, excluyendo a los 500,000 amerindios que también vivían ahí. Gran Bretaña acababa de ganar la Guerra Francesa e India, un conflicto entre Francia y Gran Bretaña que se peleó en Norteamérica. Al final de esa guerra, Gran Bretaña ganó territorio de Francia, pero la guerra le había costado mucho dinero.

Impuestos sobre las colonias

Para ayudar a pagar el costo de la guerra, el gobierno británico empezó a imponer **impuestos** a las colonias: primero con la Ley del Azúcar en 1764, después con la Ley de Estampillas en 1765. Estas leyes hicieron que los colonos pagaran una cantidad adicional sobre artículos de uso diario.

Una caricatura (derecha) en un *Pennsylvania Journal* de los años 1760 muestra que a los colonos no les gustaba el impuesto de estampillas.

Hasta este momento, los colonos no habían pagado tantos impuestos como los habitantes de Gran Bretaña, y los impuestos sólo se recolectaban cuando se necesitaban. De hecho, estaban furiosos—no sólo por el dinero que les costaban los impuestos, sino porque las colonias no tenían **representantes**

La canción de la libertad

"Libres nacimos y libres viviremos,
nuestros bolsos están listos, firmes, amigos, firmes, no como esclavos,
sino como hombres libres nuestro dinero daremos."

*John Dickinson, "La Canción de la Libertad"
que protestaba contra los impuestos, Pensilvania, 1768*

Esta imagen muestra el Parlamento Británico cerca de la época de la Revolución Norte-americana.

en el Parlamento, el **cuerpo legislativo**. Los colonos dijeron que como ciudadanos británicos, ellos también debían tener voz en el Parlamento.

Gobiernos coloniales

El gobierno británico nombró a un gobernador para dirigir cada colonia, pero las colonias también tenían sus propios cuerpos legislativos que hacían leyes por necesidades diarias. Todas las personas que eran elegidas para los cuerpos legislativos, y las que votaban por ellas, eran hombres blancos. No se permitía votar a los negros, los amerindios, las mujeres, y a menudo tampoco a los pobres. Ciertamente no se les permitía ser legisladores.

El enojo crece

Grupos de colonos llamados Hijos de la Libertad protestaron contra los impuestos. Algunos de ellos colgaron de los árboles maniquíes de paja que representaban a los funcionarios de impuestos. Otros actuaron con violencia, al **embrear** y **emplumar** a funcionarios y destruir sus casas y oficinas.

Los colonos decidieron **boicotear** productos ingleses para protestar contra los impuestos. Las Hijas de la Libertad eran mujeres que se negaban a comprar té y otros productos británicos.

En 1765, **delegados** de nueve colonias se reunieron en Nueva York para el **Congreso** de la Ley de Estampillas. Esta reunión fue un paso importante porque fue cuando las colonias empezaron a actuar juntas. El Congreso criticó los impuestos y envió una petición al rey, pidiéndole que los cancelara.

La protesta por los impuestos británicos se extendió por todas las colonias. Abajo, el alcalde de Nueva York habla a personas enojadas.

Por qué y cómo las personas pagan impuestos

Todos los gobiernos necesitan dinero para dar servicios que varían desde formar un ejército hasta operar escuelas. Los gobiernos reúnen fondos para pagar estos servicios al pedir a sus ciudadanos que paguen impuestos.

Las personas pueden pagar impuestos de diferentes maneras. El impuesto del azúcar y el impuesto de las estampillas fueron impuestos que se pagan al hacer compras—y muchos estados aún reúnen estos impuestos para pagar servicios públicos. En otros estados, las personas pagan impuestos sobre lo que ganan. Las personas también pagan impuestos sobre las propiedades.

Más impuestos, más problemas

El boicot y las protestas fueron tan exitosos que el Parlamento canceló el impuesto de estampillas. Fue una gran victoria para los colonos. Pero, en 1767, el Parlamento aprobó las Leyes de Townshend, que cargó impuestos sobre aun más cosas.

Una petición al rey George

"Los reyes son servidores de las personas, no sus [propietarios]. Abra su pecho, majestad, al pensamiento liberal y expandido. No permita que el nombre de George el Tercero sea una mancha en la página de la historia".

Thomas Jefferson en un discurso al rey George III. "A Summary View of the Rights of British America"

El rey George III estaba furioso cuando los colonos protestaron contra los impuestos. Creía que la Norteamérica británica le pertenecía y que las personas debían obedecerlo.

La masacre de Boston

Cuando la violencia contra los oficiales británicos aumentó, el gobierno de Massachusetts decidió que necesitaba ayuda. En septiembre de 1768, cientos de soldados británicos llegaron a Boston. Los colonos en Boston estaban muy enojados por la presencia de los soldados, y los dos grupos chocaron. El incidente más serio fue la masacre de Boston. El 5 de marzo de 1770, soldados británicos dispararon contra un grupo de personas, y cinco murieron.

Esta imagen de la masacre de Boston por Paul Revere se publicó en todas las colonias para que aumentara el disgusto contra los británicos. Los soldados disparan contra los ciudadanos, pero no muestra que muchos colonos muy enojados amenazaron a los soldados.

Rebelión del té

En mayo de 1773, el Parlamento aprobó la Ley del Té, que forzaba a los colonos a comprar su té a una compañía británica y, por eso, a pagar el impuesto del té. En una famosa protesta el 16 de diciembre de 1773, los Hijos de la Libertad fueron al puerto de Boston, subieron a varios barcos, y tiraron al mar 342 cajones de té. Este suceso se conoce como la Fiesta del Té de Boston.

Preparativos

Para castigar a los colonos rebeldes, Gran Bretaña puso a Boston y al resto de Massachusetts bajo control militar, y le quitó el poder al cuerpo legislativo. Esta acción unió más a las colonias. Delegados de las colonias se reunieron en Filadelfia en septiembre de 1774 en el primer Congreso Continental. Los delegados criticaron a Gran Bretaña, y algunos declararon que no tenía el derecho de gobernarlos. Creyeron que podría haber violencia y acordaron que debían formar grupos de **milicia** locales.

Estadounidenses unidos

"Ya no hay distinciones entre virginianos, gente de Pensilvania, de Nueva Inglaterra, o neoyorquinos. No soy virginiano sino estadounidense".

Patrick Henry, primer Congreso Continental, septiembre de 1774

Pronto se formaron los grupos de milicia, incluso grupos de Minutemen en Massachusetts y otras colonias. Se reunían varias veces a la semana para entrenar para la guerra. Los Minutemen también empezaron a guardar comida y armas.

En marzo de 1775, Patrick Henry, un miembro del cuerpo legislativo de Virginia, dio un discurso que resumió las actitudes de miles de colonos. La frase más famosa de este discurso histórico fue "¡Denme libertad o denme la muerte!"

Los Hijos de la Libertad, disfrazados de indios, suben a los barcos británicos para destruir el té durante la Fiesta del Té de Boston.

Capítulo 3

En Lexington y Concord

General Gage

El general Thomas Gage fue el gobernador de Massachusetts y estuvo al mando de los soldados británicos en las colonias. En abril de 1775, se enteró de que la milicia **patriota**—o los **rebeldes**, como los británicos los llamaban—estaba almacenando cañones, pólvora y otros artículos en Concord, una ciudad a unos 32 km (20 millas) al noroeste de Boston.

El plan

Gage decidió quitarles esas provisiones. También ordenó a los británicos a arrestar a los rebeldes más peligrosos y enviarlos a Inglaterra, donde se les juzgaría por traición por oponerse al gobierno británico. Gage decidió que los más peligrosos eran dos líderes patriotas: Samuel Adams y John Hancock. Adams

Minutemen

Los Minutemen en la Revolución Norteamericana fueron una parte especial de la milicia. Eran granjeros, comerciantes, maestros, doctores y otras personas ordinarias que tenían que "estar listos en un minuto" para combatir a los británicos. Se reunían varias veces a la semana para entrenar. Se exigía que cada Minuteman tuviera un **mosquete**, 36 balas y una bayoneta. Algunos también llevaban hachas, cuchillos y otras armas personales.

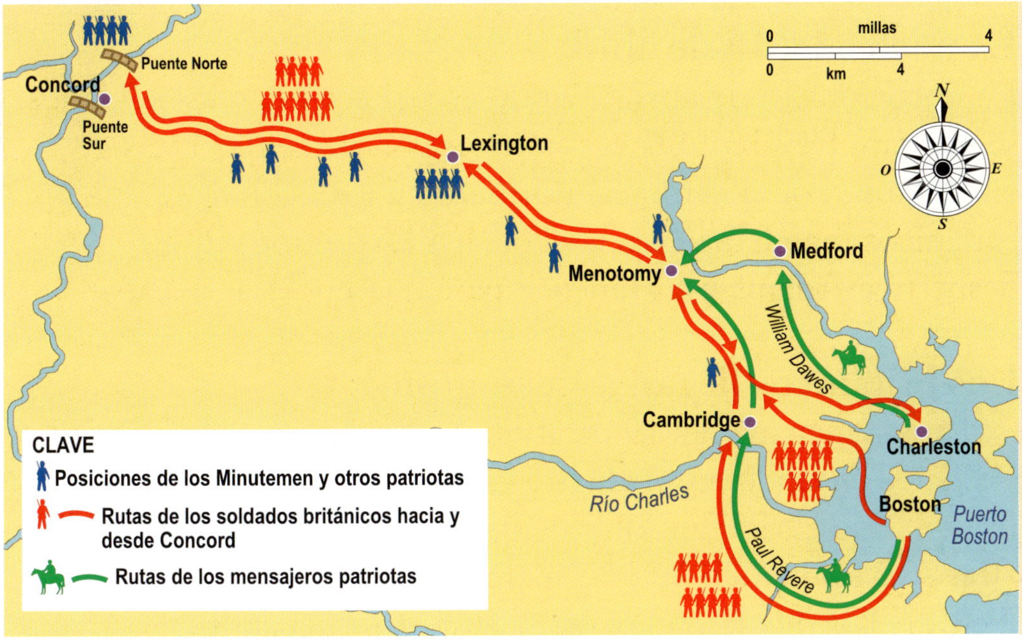

Este mapa muestra dónde empezó la guerra revolucionaria en 1775. También muestra las rutas de los soldados británicos, y de los mensajeros enviados a avisar a los patriotas.

y Hancock sabían que estaban en peligro y ya estaban escondidos en Lexington, a 8 km (5 millas) de Concord.

Gage sabía dónde estaban Hancock y Adams, y decidió arrestarlos y al mismo tiempo quitarles las armas en Concord. Enviaría a 700 u 800 de sus mejores soldados por la noche, en un ataque sorpresa. Los británicos estarían bajo las órdenes del teniente coronel Francis Smith y el comandante John Pitcairn. En estado de alerta, listo para ayudar si había problemas, estaría otro comandante, Hugh Percy, con 1,000 hombres.

Los rebeldes se enteran

Los rebeldes pronto supieron que los británicos estaban planeando algo. Joseph Warren, un líder de los patriotas en Boston, envió a Paul Revere, uno de sus mensajeros, con un mensaje a Concord para que pudieran esconder las armas. Después les dijo a Revere y a William Dawes, otro patriota, que reunieran a los Minutemen y avisaran a Hancock y a Adams cuando los soldados británicos salieran de Boston.

La noche del 18 de abril

La noche del 18 de abril, cuando escucharon que los soldados se movían, Revere y Dawes salieron por diferentes rutas a Lexington. Por el camino informaron a los habitantes que los británicos marchaban hacia ellos. En Lexington, Revere despertó a Adams y a Hancock para que pudieran escapar.

Los británicos llegan a Lexington

Para la mañana del 19 de abril, los Minutemen de Lexington estaban esperando en medio de la ciudad. "¡Manténganse firmes!" dijo el capitán John Parker, el líder de los patriotas, a los 70 u 80 Minutemen. "¡No disparen a menos que nos disparen! ¡Pero si ellos quieren una guerra, empecémosla aquí".

El viaje de Paul Revere

Paul Revere era un platero y grabador de metal de Boston (él hizo el grabado de la Masacre de Boston que aparece en la página 14). Durante los años antes de la Revolución Norteamericana, era un patriota y con frecuencia sirvió como jinete, llevando mensajes urgentes. El viaje de Paul Revere por la noche a Lexington (a la izquierda) más tarde se hizo uno de los sucesos mejor conocidos en la historia de Estados Unidos debido a un famoso poema de Henry Wadsworth Longfellow (página 19).

Éste es Lexington Green, donde los soldados británicos se enfrentaron con los Minutemen. Hoy, hay una piedra que honra las famosas palabras del capitán Parker.

Cerca de las 5:00 a.m., el comandante Pitcairn condujo a cientos de **casacas rojas** hacia Lexington. Pitcairn dio instrucciones a sus soldados de no disparar a menos que les dijera que lo hicieran. Los británicos después ordenaron a los Minutemen que se fueran.

Los primeros disparos

Los colonos habían empezado a marcharse cuando sonó un solo disparo. Nadie sabe quién lo hizo, pero cientos de casacas rojas dispararon a los rebeldes. Los Minutemen devolvieron los disparos mientras Pitcairn gritaba a sus hombres que dejaran de disparar. Poco después, llegó el coronel Smith. Los británicos entonces dejaron de disparar y volvieron a formar sus filas. Sólo uno de ellos había sido herido, y las tropas salieron hacia Concord.

El viaje de Paul Revere

"... de modo que por la noche cabalgó
Paul Revere;
Y así por la noche se oyó
su grito de alarma
a cada pueblo y granja de Middlesex,
un grito de desafío, y no de temor,...
En toda nuestra historia, hasta el final,
En la hora de la oscuridad, y del
peligro, y de la necesidad,
Las personas se despertarán y
escucharán
El ruido de los cascos de ese corcel al
correr,
Y el mensaje de Paul Revere por el
anochecer".

Henry Wadsworth Longfellow,
"Paul Revere's Ride," 1860

Los patriotas se enfrentan con los casacas rojas en el Puente Norte en Concord. Los rebeldes quizá hayan estado actuando en venganza por las muertes en Lexington.

Los soldados dejaron atrás una terrible escena. Habían matado a ocho Minutemen y herido a otros 10.

Hacia Concord

En Concord, los ciudadanos habían escondido las armas y balas de los patriotas cuando los británicos llegaron para las 8:00 a.m., el 19 de abril. Los soldados se extendieron: algunos fueron a defender los Puentes Norte y Sur; otros fueron a buscar las provisiones de los rebeldes en el pueblo y en las granjas que lo rodeaban.

Mientras tanto, los miembros de la milicia estaban reuniéndose desde áreas cercanas. Para las 10:00 a.m., cientos de patriotas estaban ya alrededor de Concord. Sabían que casi todas las armas estaban ocultadas, y no planeaban atacar a los británicos. Pero, vigilaron lo que estaban haciendo los soldados.

No es una masa de gente

"Quien se atreva a mirarlos como un grupo irregular encontrará que está muy equivocado. Tienen hombres entre ellos que saben muy bien lo que quieren".

Hugh Percy, comandante de la división de relevo británica, el 19 de abril de 1775

Los patriotas atacan

Los soldados por fin encontraron algunas de las provisiones que buscaban—bases de madera para cañones—y las quemaron. Al ver el humo, algunos patriotas creyeron que los soldados estaban quemando las casas de Concord. Un grupo grande de unos 400 hombres bajó desde una colina cerca del Puente Norte. Las tropas británicas que estaban en el puente dispararon, pero los hombres siguieron avanzando. Los británicos mataron a dos rebeldes. Los patriotas atacaron y tres casacas rojas murieron. El grupo británico regresó al pueblo.

Hora de retirarse

Después de reagruparse en Concord, Smith y sus oficiales decidieron que era mejor regresar a Boston. Podían ver que el número de rebeldes aumentaba con rapidez. Smith empezó a preocuparse por el regreso de sus hombres a Boston.

Una réplica del Puente Norte en Concord ahora se encuentra donde estaba el puente original en 1775.

Mientras los soldados escapaban hacia Boston, fueron fáciles de atacar por los rebeldes que estaban escondidos en casas y detrás de cercas y árboles.

El regreso a Boston

Durante todo el 19 de abril, los rebeldes siguieron llegando hasta que más de 3,000 hombres estaban en el área, listos para atacar. Cuando los casacas rojas estaban a 1.6 km (1 milla) fuera de Concord, empezó la parte más sangrienta de la batalla de Lexington y Concord.

Solos o en grupos pequeños, los hombres de la milicia y otros patriotas esperaban a lo largo del camino entre Concord y Lexington. Desde las ventanas y detrás de árboles, rocas, y murallas de piedra, dispararon a los soldados que iban caminando. Los británicos sufrían sin defensas.

Llega ayuda

La fuerza de reserva de 1,000 hombres llegó desde Boston después de un par de horas. Para entonces los soldados que iban en retirada habían regresado hasta Lexington. Los rebeldes atacaban según los soldados avanzaban de regreso hacia Boston. Pero, los soldados británicos ahora estaban mejor protegidos porque habían vuelto a formarse en regimientos. Las tropas de Percy dispararon a cada hombre armado. En Menotomy, a unos 8 km (5 millas) de Boston, 40 casacas rojas y 40 patriotas murieron.

Las pérdidas

Cuando los británicos regresaron a la seguridad de Charlestown, cerca de Boston, 73 soldados habían muerto y unos 200 estaban heridos o desaparecidos. Unos 50 rebeldes murieron, y unos 40 se reportaron heridos. Pero, quizás hubo más rebeldes heridos que se fueron a su casa. El primer largo día de la Revolución había terminado.

Tácticas rebeldes

"[Los rebeldes dispararon] desde todas partes, pero principalmente desde atrás; se escondían en las casas hasta que habíamos pasado, y después disparaban. El campo de batalla era perfecto, lleno de colinas, bosques [y] murallas de piedra, que los rebeldes aprovecharon, porque todos estaban llenos de habitantes que mantuvieron fuego constante sobre nosotros, al igual que nosotros sobre ellos, pero no con la misma ventaja, porque ellos estaban tan escondidos que era difícil verlos".

Teniente británico John Barker, describiendo el ataque de los patriotas contra soldados británicos camino a Boston el 19 de abril de 1775

Una estatua de un Minuteman en Lexington —en memoria del 19 de abril de 1775, cuando los Minutemen y otros hombres de la milicia se rebelaron contra el gobierno británico.

Capítulo 4

A la guerra

Nociones de libertad
"Es imposible eliminar la idea de libertad de estas personas. Está arraigada en ellas desde la niñez".

General británico Thomas Gage

George Washington toma el mando

El Congreso Continental se reunió por segunda vez en Filadelfia en mayo de 1775. Los delegados decidieron que las colonias debían formar un ejército llamado el Ejército Continental de Estados Unidos para combatir a los británicos. Nombraron a George Washington de Virginia para que lo dirigiera. Él llevó al ejército recién formado a la batalla. Pasarían más de seis años antes de que la Revolución Norteamericana terminara.

George Washington (1732-1799)

George Washington nació en Virginia. Se hizo oficial en la milicia de Virginia y combatió por los británicos en la Guerra Francesa e India. Washington guió a las tropas estadounidenses a la victoria en la Revolución Norteamericana, y se convirtió en el primer presidente de Estados Unidos en 1789. En sus ocho años como jefe de estado, Washington estableció un estándar de excelencia para cada presidente que lo siguió.

George Washington toma el mando del Ejército Continental en 1775.

Una declaración

De regreso en el Congreso, los delegados debatieron si las colonias debían declarar la independencia de Gran Bretaña y unirse como una nación. Después de muchas pláticas, el Congreso publicó la Declaración de Independencia en julio de 1776.

En este documento, las colonias dijeron que ahora eran "estados" y detallaron las injusticias de Gran Bretaña contra ellas. El documento declaró que "todos los hombres" tienen ciertos derechos, como la vida, la libertad, y la búsqueda de la felicidad. También declaró que los gobiernos debían obtener su poder según los deseos de los gobernados. Eso significó que los funcionarios no podían hacer leyes por sí mismos. Eso también significó que los ciudadanos tenían el derecho a cambiar su gobierno si no reflejaba sus deseos.

Thomas Jefferson (derecha), John Adams (centro) y Benjamin Franklin (izquierda) trabajan juntos en la Declaración de Independencia. Jefferson escribió la mayor parte.

Victoria

Los patriotas perdieron muchas batallas antes de que las cosas empezaran a mejorar en 1778. Ese año, Francia empezó a enviar provisiones y tropas para ayudarlos a pelear. El ejército continental también creció, y Washington empezó a ganar batallas. En 1781, los patriotas atraparon al ejército británico en Yorktown, Virginia. Los británicos se rindieron el 19 de octubre de 1781. Las colonias habían ganado su independencia.

Conclusión

La Constitución

La lucha de los colonos para independizarse de Gran Bretaña sólo fue una parte de lo que ocurrió durante la Revolución Norteamericana. La segunda tarea para Estados Unidos fue crear un nuevo sistema de gobierno.

Después de la guerra, Estados Unidos tuvo un gobierno **federal** que fue muy débil porque los ciudadanos acordaron que no querían un gobernante poderoso como el rey George III, que quitara el control a los estados individuales. Sin embargo, en 1787 hubo una gran reunión para probar y crear un sistema de gobierno más fuerte. El resultado de la reunión fue la creación de la **Constitución**.

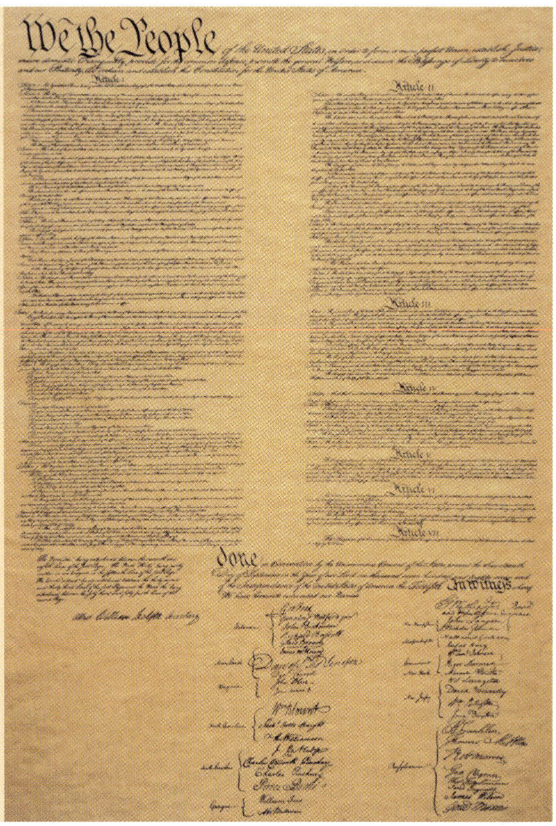
We the People

La Constitución de Estados Unidos se completó y se aprobó el 17 de septiembre de 1787. Ésta es una copia del importante documento.

La Constitución declaró que Estados Unidos tendría un presidente, así como un cuerpo legislativo y una rama judicial (cortes de justicia). El país tendría un sistema federal en el cual habría un equilibrio de poder entre el gobierno federal y el estatal, un sistema que aún se usa en la actualidad.

Cuando Estados Unidos se convirtió en una nación, su bandera tenía una estrella y una banda por cada estado. Desde entonces, se ha añadido una estrella por cada estado que ha ingresado a la Unión, pero aún quedan las 13 bandas originales.

Igualdad para todos

Los estadounidenses entendían la importancia de los derechos individuales. Pero, se vencieron muchos desafíos para que se cumpliera con sus propios ideales. Pasarían muchos años antes de que todos tuvieran voz en el gobierno. Ni los afroamericanos ni los amerindios tenían derechos, y no se permitía que las mujeres votaran. La igualdad fue una poderosa promesa para los estadounidenses, pero no se haría realidad durante muchas décadas.

Lexington y Concord hoy

Hoy, los visitantes del Minute Man National Historical Park pueden ver los sitios de los conflictos en Lexington Green y el Puente Norte de Concord. Los monumentos nos recuerdan que los rebeldes que combatieron ahí ayudaron a sembrar las semillas de una nueva nación.

Un estadounidense

"Él es un estadounidense que, dejando atrás todos sus antiguos prejuicios y costumbres, recibe nuevas formas de ser del nuevo modo de vida que ha adoptado, el nuevo gobierno que obedece, y el nuevo rango que tiene... El estadounidense es un hombre nuevo que actúa con nuevos principios; por lo tanto, debe considerar nuevas ideas y formar nuevas opiniones".

J. Hector St. John de Crèvecoeur, Cartas de un Granjero Estadounidense, 1782

Línea de tiempo

1754	Empieza la Guerra Francesa e India.
1763	10 de febrero: Tratado de París, firmado por Inglaterra, Francia y España, termina la Guerra Francesa e India.
1764	5 de abril: El Parlamento aprueba la Ley del Azúcar.
1765	22 de marzo: El Parlamento aprueba la Ley de Estampillas. Octubre: Congreso de la Ley de Estampillas.
1767	El Parlamento aprueba las Leyes Townshend.
1768	Septiembre: Se envían a Boston a muchos soldados británicos para mantener el control de los colonos.
1770	5 de marzo: Masacre de Boston.
1773	16 de diciembre: Fiesta del Té de Boston. Mayo: El Parlamento aprueba la Ley del Té.
1774	5 de septiembre: El primer Congreso Continental se reúne en Filadelfia.
1775	19 de abril: Patriotas y soldados británicos se enfrentan en Lexington y Concord, con lo que se inicia la Revolución Norteamericana. 10 de mayo: Empieza el segundo Congreso Continental. Julio: George Washington toma el mando del Ejército Continental.
1776	4 de julio: El Congreso aprueba la Declaración de Independencia.
1781	19 de octubre: El ejército británico se rinde en Yorktown.
1783	3 de septiembre: Los estadounidenses y los británicos firman el tratado de París, con lo que termina formalmente la Revolución Norteamericana.
1787	25 de mayo: Se abre la Convención Constitucional en Filadelfia.
1788	Se ratifica la Constitución de Estados Unidos.

Cosas para pensar y hacer

Vida colonial

Averigua más acerca de la vida en las 13 colonias británicas antes de 1775. Compara las diferentes maneras de vida en Nueva Inglaterra, la región del Atlántico Medio, y el Sur. Haz una lista de las cosas que fueron diferentes y las cosas que fueron iguales. Podrías analizar la agricultura, la vivienda, el alimento, nacionalidades, artículos importados y exportados, costumbres, vida religiosa, gobierno, y educación.

Minutemen y casacas rojas

Elige uno de los tres conflictos que tuvieron lugar el 19 de abril de 1775: los disparos en Lexington Green, la pelea en el Puente Norte en Concord, o los ataques en el camino de regreso a Boston. Anota un párrafo en el que describas el suceso desde el punto de vista de un casaca roja. Después escribe acerca del mismo evento desde el punto de vista de un Minuteman.

La Constitución

La Constitución de Estados Unidos fue escrita para que la nueva nación tuviera las reglas de gobierno básicas. Imagina que estás estableciendo una nueva nación. ¿Qué reglas harías para gobernar tu país? ¿Tendrías un presidente, un rey, o no tendrías un jefe de estado? ¿Cobrarías impuestos? ¿Tendrían los niños derecho a votar? ¿Cómo se tomarían decisiones importantes, por ejemplo, el declarar una guerra? Piensa acerca de estas cosas y escribe una constitución para tu nación imaginaria.

Glosario

amerindios: habitantes nativos de las Américas.

boicot: rehusarse a comerciar con una empresa o un país particular en protesta

casacas rojas: nombre dado a los soldados británicos, que usaban casacas rojas.

colonia: asentamiento, área, o país poseído o controlado por otra nación.

Congreso: Se llamó "Congreso" a las reuniones de delegados de las colonias británicas, y después al cuerpo legislativo estadounidense.

constitución: reglas básicas de gobierno para una nación.

cuerpo legislativo: grupo de funcionarios que hace leyes.

delegado: persona elegida para representar a un grupo en una reunión.

embrear y emplumar: aplicar brea y plumas al cuerpo de personas como una forma de castigo muy dolorosa y que a menudo causa la muerte.

federal: que tiene que ver con la nación entera y no de estados separados.

imperio: territorio grande controlado por una nación poderosa.

impuesto: cantidad de dinero cobrada por gobiernos por compras, propiedad o ingreso, que se usa para pagar los costos del gobierno.

milicia: grupo de ciudadanos organizados para formar un ejército no oficial (a diferencia de un ejército de soldados profesionales).

Minutemen: grupos de milicia que estaban listos para combatir "en un minuto".

monarca: gobernante no elegido, como un rey o un emperador.

mosquete: arma de fuego que se coloca contra el hombro, usada durante la Revolución Norteamericana.

Parlamento: cuerpo legislativo británico.

patriota: colono que apoyó la Revolución Norteamericana; de manera más general, persona leal a su país y que está orgullosa de él.

rebelde: colono que apoyó la Revolución Norteamericana; de manera más general, una persona que lucha contra la autoridad.

representante: persona que actúa en nombre de otras personas.

Información adicional

Libros

Fradin, Dennis Brindell. The Signers: *The Fifty-Six Stories Behind the Declaration of Independence.*Walker & Co, 2002.

Hakim, Joy. *Making Thirteen Colonies* (A History of US). Oxford University Press, 1999.

Knight, James E. *Boston Tea Party: Rebellion in the Colonies* (Adventures in Colonial America). Troll, 1998.

Moore, Kay. *If You Lived at the Time of the American Revolution* (If You). Scholastic, 1998.

Stratemeyer, Edward. *The Minute Boys of Lexington.* Lost Classics, 2001.

Sitios web

www.nps.gov/mima El sitio web del National Park Service tiene información e imágenes acerca del Minute Man National Historical Park y de la Batalla de Lexington y Concord.

www.paulreverehouse.org Información de la Paul Revere Memorial Association acerca de Revere y su participación en los sucesos que llevaron a la batalla de Lexington y Concord.

www.wpi.edu/Academics/Depts/MilSci/BTSI/Lexcon Sitio web muy informativo que dice lo que sucedió en Lexington y Concord, y tiene buenos enlaces para obtener más información: biografías, mapas y eventos relacionados.

Dirección útil

Minute Man National Historical Park
National Park Service
174 Liberty Street
Concord,MA 01742
Teléfono: (978) 369-6993

Índice

Los números de página en **negritas** indican ilustraciones.

Adams, Samuel, 16, 17, 18
Afroamericanos , 7, 9, **9**, 11, 27
Amerindios, 6, **6,** 10, 11, 27

Boston, 14, **14**, 15, **15**, 16, **17**, 21, 22, 23
Británicas, colonias, 4, **4**, 6, **6**, 7, **7**, 9, **9**, 10, 11, 12, 15, 25
Británico, gobierno, 4, 5, 10– 11, **11**, 13, 14, 15
Británicos, soldados, 14, **14**, 16, 17, **17**, 18
en la batalla de Lexington y Concord, 19, 20, **20**, 21, 22, **22**, 23

Casacas Rojas, *véase* Británicos, soldados
Colonos, 4, 6, **6**, 7, **7,** 8, 9, 10, 11, 14, **14**
protestas por los, 12, **12**, 13, 14, **15**
Concord, 5, 16, 17, **17**, 19, 20–21, **20**, **21**, 22
Congreso Continental, 15, 24, 25
Congreso de la Ley de Estampillas, 12
Constitución, 26, **26**

Dawes, William, 17, **17**, 18
Declaración de Independencia, 25, **25**

Ejército Continental de Estados Unidos, 24, **24**, 25
Estados Unidos de América, 4, 5, 25, 26, 27
Estadounidense, revolución, 5, 16, 17, **17**, 19, 24, 25, 26

Fiesta del Té de Boston, 14, **15**
Francia, 6, 10, 25

Gage, Thomas, 16, 17, 24
George III, rey, 4, 12, 13, **13**, 26
Gran Bretaña, 4, 10, 15, 25, 26
Guerra Francesa e India, 10, 24

Hancock, John, 16, 17, 18
Henry, Patrick, 15
Hijas de la Libertad, 12
Hijos de la Libertad, 12, 14, **15**

Impuestos, 10, 12, 13, 14

James I, rey, 7
Jefferson, Thomas, 13, **25**

Lexington, 5, **5**, 17, **17**, 18, 19, **19**, 22, 23, **23**
Lexington Green, **5**, 19, **19**, 27
Lexington y Concord, batalla de, 5, **5**, **17**, 19–23, 20, **22**, 27
Ley de Estampillas, 10, **10**, 13
Ley del Azúcar, 10, 13
Ley del Té, 14
Leyes de Townshend, 13
Longfellow, Henry Wadsworth, 18, 19

Masacre de Boston, 14, **14**, 18
Massachusetts, 5, 8, 9, 14, 15, 16
Menotomy, **17**, 23
Milicia y hombres de la milicia, 15, 16, 20, 21, 22, **22,** 24
Minutemen, 5, 15, 16, **16**, 17, 18, 19, **23**

Parker, John, 18, **19**
Parlamento, *véase* Británico, gobierno
Patriotas, 16, 17, 18, 25
en la batalla de Lexington y Concord, 19, 20, **20**, 21, 22, **22**, 23, 27
Percy, Hugh, 17, 20
Pitcairn, John, 17, 19
Puente norte, **17**, 20, **20**, 21, **21**, 27

Rebeldes, *véase* Patriotas
Revere, Paul, 14, **14**, 17, **17**, 18, **18**, 19

Smith, Francis, 17, 19, 21

Warren, Joseph, 17
Washington, George, 24, **24**, 25